AF243435

LE 16 MAI

A BEAUNE

IMPRESSIONS D'UN ÉLECTEUR

LE 16 MAI

À BEAUNE

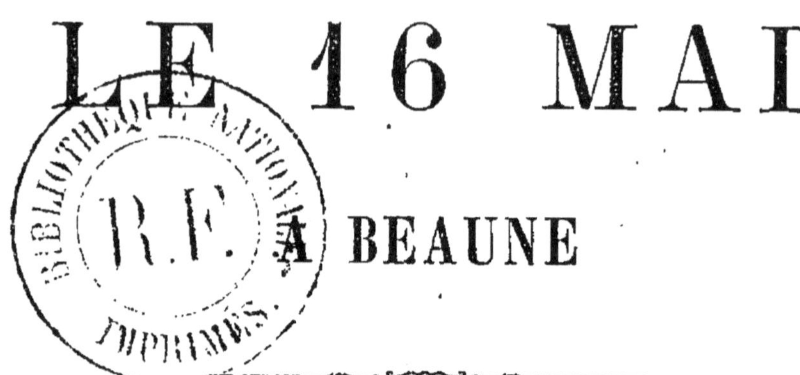

IMPRESSIONS D'UN ÉLECTEUR

Simple électeur de faubourg, je n'ai pu voir qu'en spectateur assis tout au fond du parterre, se jouer les scènes de la comédie ordre-moralienne.

Mais je n'en ai pas moins jeté mes impressions, au courant de la plume, sur quelques feuilles signées des pseudonymes : Jacques de Semur, Jean-Louis, Pierre Chauvin, Michel Trottinet, Raphaël Waldès, Jean Maumenet.

Celles de ces feuilles, qui n'ont pas été détruites, forment un petit chapitre de notre histoire beaunoise : le voici.

Arthur DUBOIS.

30 mars 1880.

LE 16 MAI A BEAUNE

I

Les élections départementales

Beaune, le 20 février 1877.

MONSIEUR LE RÉDACTEUR,

La note que vous avez récemment publiée, annonçant aux électeurs la date sans nul doute si prochaine du renouvellement des Conseils généraux, nous plonge dans une anxiété singulière.

Nous sommes républicains. Nous ne voterons que pour un républicain parfaitement convaincu. Cela va de soi : bonne volonté ni résolution ne manque au peuple de Bourgogne.

Mais c'est au choix du candidat que notre embarras commence.

Quand il s'agit d'élire nos conseillers municipaux, nous n'avons qu'à prendre. Beaucoup d'excellents citoyens connaissent assez à fond les affaires de notre petite ville pour nous rendre service en apportant à l'administration locale le concours de leurs lumières.

Mais siéger au chef-lieu demande un peu plus de routine des questions administratives, et même une certaine dextérité de langage et de plume : les bonnes intentions, là-bas, ne sauraient suffire. Aussi, dans leur modestie, plusieurs hommes, que nous estimons et que nous élirions, nous déclarent-ils n'oser point assumer une responsabilité qui leur semble trop lourde.

Et puis, le conseil municipal ne se rassemblant guère que le soir à notre hôtel de ville, chacun de nos élus peut, sa journée faite, se rendre à la séance et remplir son patriotique devoir sans rien sacrifier de ses intérêts personnels ; tandis que, pendant les sessions du Conseil général, notre élu doit quitter sa famille et ses affaires, pour se rendre au poste d'honneur qu'il tient de la confiance de ses concitoyens.

En dépit de nos profonds sentiments d'égalité républicaine, Monsieur le rédacteur, nous voilà donc, par ce triste motif, obligés de renoncer à choisir parmi ceux des nôtres que les nécessités de leur position particulière retiennent à l'ombre du clocher natal.

Ah ! quand nous aurons fait plus de chemin dans la voie du progrès, et que nous saurons nous grouper solidement, nous pourrons, par nos modestes cotisations personnelles, soutenir les hommes de notre choix que les sévérités de la fortune écartent brutalement des affaires, et cette grosse difficulté sera vaincue.

Mais, en attendant, comment la tourner ?

Vous, Monsieur le rédacteur, vous qui savez mieux que nous autres le fort et le faible des choses, venez à notre aide, et que votre plume autorisée nous apporte quelques explications réconfortantes.

Agréez, Monsieur le rédacteur, l'assurance de nos sentiments sympathiques.

JACQUES DE SEMUR.

II

Corgengoux, le 20 avril 1877.

J'entends les finauds du village discuter vos articles sur la rage guerrière qui tourmente actuellement Leurs Grandeurs nos évêques; mais bien naïfs me paraissent lecteurs et journaux, qui se creusent la cervelle à chercher le moyen de rendre enfin pacifiques les serviteurs de notre Seigneur-Dieu.

Notre loi militaire dit :

« ARTICLE PREMIER. — Le service militaire est obli-
« gatoire pour tous les Français ! »

Par malheur, dès le deuxième article, elle excepte, elle excepte......

Eh ! Messieurs nos députés et sénateurs, qui fabriquez nos lois, réduisez donc celle-ci tout uniment à son article premier. Quand l'obligation du service militaire sera devenue une *vérité vraie*, nous ne craindrons plus d'appel aux armes sans bonnes raisons. Les gens qui font si bon marché du sang des citoyens tant que les combattants sont d'autres qu'eux, mettront joliment une sourdine à leur crécelle belliqueuse, lorsqu'il leur faudra risquer leur peau à leur tour.

Tout le monde au feu ! — C'est le plus sûr garant de la paix.

Croyez-en, s'il vous plaît, le vieux paysan.

JEAN-LOUIS, cultivateur.

III

Bessey-en-Chaume, le 23 avril 1877.

Monsieur le Rédacteur,

« Avons-nous la guerre ? » se demande-t-on, chaque jour, en dépliant votre feuille, qui sur nos hauteurs nous parvient, comme vous pensez, beaucoup plus tard qu'aux gens de la plaine. D'aucuns jugent que les clameurs des messieurs en soutane violette risquent fort de nous pousser à mal. Je n'en crois rien, et je m'en vais, si vous le permettez, vous en dire mes raisons.

Que le pauvre peuple demande bataille, ce n'est guère la coutume, pas plus en Prusse qu'en Bourgogne; cela se comprend : c'est le peuple qui fournit les cibles à la mitraille et qui paie les obus dont on broie ses enfants.

Que les rois se fassent la guerre, tout simplement, sans formalités, quand le cœur leur en dit, c'était bon jadis, au vieux temps que les Révérends cherchent à nous ramener. Mais, de nos jours, nul souverain, même en Allemagne, ne peut faire massacrer son monde sans une.....— comment dirai-je ? — sans une... permission, approbation, délibération des assemblées.

En 1870, quand une Majesté chancelante voulut consolider son trône impérial par des victoires qui lui semblaient faciles, une déclaration de guerre alla presque de soi.

Le pape aujourd'hui veut la guerre ; les gens qui le

mènent et qui mènent aussi plusieurs de nos élus, veulent cette guerre également. Pourtant, remarquez bien, l'appel frénétique de Nos Seigneurs les évêques ne trouve aucun écho dans la population civile, même parmi les classes les plus dévouées au Saint-Père. Et, s'il fallait trancher la question par un vote, selon toute apparence, bien des gros bonnets, cette fois, demanderaient à réfléchir.

Jean-Louis, de Corgengoux, vous croyait annoncer avant-hier une grosse découverte, en vous indiquant le moyen de faire taire Leurs Grandeurs. Le cultivateur Jean-Louis ne songeait point que, de la parole au vote, le pas est plus rude à franchir en 1877 qu'en 1870. Et vous l'allez bien voir, si vous me laissez causer.

C'est qu'en effet la jeunesse de France n'est plus divisée par la fortune en garçons qui marchent à la frontière et jeunes gens qui gardent les coins retirés du pays. C'est qu'aujourd'hui, quand sonnerait l'heure terrible, tout homme, riche ou pauvre, irait offrir sa poitrine aux mitrailleuses, les religieux et les maîtres d'école exceptés.

Jean-Louis, mon ami, pense que ceux qui voteraient à Versailles sont pères de famille, et, par cela même, du peuple comme nous. Chanter vêpres, soutenir les bons pères de son éloquence et même de son argent, passe encore. Mais leur donner son fils, la chair de sa chair, comme donnait jadis un simple gueux, c'est autre chose.

Et voilà pourquoi, mon cher Jean-Louis, si l'Allemagne s'avise de rester chez elle, nos évêques pourront crier chez nous sans mettre la paix sérieusement en péril.

Ah ! si les hommes à casque pointu se ruaient malgré notre volonté pacifique sur le sol de notre France aimée, ce serait pour nous alors, pour nous, citoyens de la France républicaine, la guerre véritablement sainte, et le peuple de la plaine et de la montagne n'attendrait pas le choc des bulletins dans les urnes pour défendre la patrie.

Mais nos voisins, chez eux, ont assez de besogne. Et nous pouvons sinon dormir, au moins veiller en paix.

C'est l'avis du montagnard patriote.

PIERRE CHAUVIN.

IV

Chronique électorale Beaunoise

Beaune, le 22 juillet 1877.

La semaine dernière, une candidature officielle, opposée à celle de Pierre Joigneaux, était annoncée par le *Progrès :* celle de M...... La nouvelle était vraie alors ; maintenant elle ne l'est plus.

« Les morts vont vite ! » dit la ballade. — Sous le ministère du 16 mai, plus vite encore vont les candidatures, s'éclipsent les candidats . . . .

. . . .

Le ministère a trouvé mieux. — Mieux, entendons-nous, mieux au point de vue de la particule.

C'est un *noble,* un *vrai noble,* que le ministère offre

définitivément aux électeurs beaunois, comme un adroit pêcheur offre une mouche véritable aux goujons qu'attend la poêle à frire.

Pierre Joigneaux, prenez garde ! Sur la chaumière de Varennes va s'abattre, du haut des créneaux du château-fort de Savigny, la formidable candidature d'un seigneur de village, ou du moins de son gendre.

Il s'appelle.....

On m'a bien dit son nom, mais je ne sais pas l'écrire. Lecteurs, excusez l'orthographe.

Il s'appelle duc ou marquis de Montgascon.

Son histoire, nul ne la connaît au pays : grande commodité pour les faiseurs de légende.

M. de Montgascon, à ce que l'on m'assure pourtant, fut jadis plénipotentiaire auprès d'un principicule allemand. Depuis, ajoute le même narrateur, il reste attaché à quelque ministère pour étudier les projets des futurs traités internationaux de commerce.

Et voyez l'habileté qui préside au choix des candidats officiels : l'autre n'avait dans sa besace que les profits du commerce présent ; le nouveau nous apporte, avec la gloire de son nom, toute une perspective de faveurs dorées pour le commerce futur du canton !

« *Dites bien* — s'écrie-t-il chez les gens qu'il visite déjà — *dites bien que je n'ai d'autre souci que les intérêts de la Bourgogne, et que* JE NE SUIS PAS UN HOMME POLITIQUE. »

C'est fort beau, vraiment. C'est d'une irréprochable vertu. Mais alors pourquoi ce digne monsieur va-t-il se lancer dans la bagarre électorale? Pourquoi laisse-t-il les travaux de la science diplomatique et commerciale, et s'en vient-il faire échec au candidat si populaire des électeurs beaunois ?

Le pauvre monsieur, peut-être compte-t-il sur la popularité de sa famille pour contre-balancer l'obscurité de sa personne et de son nom. Certaines mauvaises langues prétendent que ses calculs manquent d'une base positive.

Quoi qu'il en soit, la question se pose à merveille : c'est entre la ferme et le château que le combat s'engagera ; c'est entre l'avenir et le moyen-âge que nos électeurs vont choisir. Tous le comprendront.

Citoyens électeurs, contemplez les orgueilleuses tourelles du manoir de Savigny ; puis songez au temps où les bons vassaux battaient l'eau des fossés pour faire taire les grenouilles, quand il plaisait au seigneur de s'endormir après boire.

Michel Trottinet.

V

Chronique électorale Beaunoise

Beaune, le 25 juillet 1877.

Les électeurs ne lisent pas d'assez près les journaux de l'ordre moral ; ils y découvriraient chaque jour des aveux fort intéressants.

Une feuille dévote nous affirmait hier que la *République française* annonce la guerre civile, et ajoutait :

« Vous n'ouvrez pas un journal radical, sans y trouver les menaces les plus directes contre la propriété ! »

Le personnage qui tient aujourd'hui chez nous la plume conservatrice dit plus vrai qu'il ne pense : tout journal radical, en effet, toute publication libérale est une menace contre la propriété.... des fabricants de journaux réactionnaires ; car la progression des idées républicaines leur détache quotidiennement des lecteurs et, par conséquent, des abonnés.

M. de la Palisse est mort, dit-on. Vous voyez bien qu'il a chez nous un digne successeur.

C'est pour la sainte cause, disent-ils, qu'ils combattent, les uns au nom du Roy, les autres au nom de l'héritier des gloires impériales. Pauvre Empereur, naïf Roy, vous leur servez d'enseigne ; mais c'est pour leur propre caisse qu'ils s'acharnent à la lutte.

Propriétaires des feuilles ordre-moraliennes, que vous êtes à plaindre !

Aussi la désespérance des pieux écrivains ne connaît plus de bornes. Voici le soupir qu'exhale notre journaliste à la fin de ses larmoyantes litanies :

« Dans toutes les feuilles républicaines, on prêche la désobéissance, le mépris et la haine des fonctionnaires, et ceux-ci sont naturellement ainsi désignés à la colère rouge.

« Qu'arrivera-t-il, quand la période électorale sera ouverte, quand les réunions publiques seront autorisées, quand les clubs seront en permanence ?

« Heureusement, les préfets sont tous énergiques et la gendarmerie est là, sans quoi il y aurait lieu de craindre que les intransigeants ne transformassent cette lutte en septembrisades. »

Brrrou !.... comme on se sent envahir par les frissons de la terreur, quand on lit cette prose désolée ! Et quel dommage que le prétoire ne retentisse pas plus fréquemment des accents d'une aussi touchante éloquence !!

La désobéissance, qui donc la prêche pourtant ? Qui donc, sous forme de *Syllabus*, enseigne que le mariage civil n'est qu'une fausse législation du concubinage ?

La haine ! qui donc la sème ? Qui donc murmure à l'oreille de nos enfants que les républicains trahissaient la France en 1870, et qu'un monsieur, de noir vêtu, caché derrière un noyer pendant la bataille de Dijon, voyait les garibaldiens et les francs-tireurs fusiller nos soldats par-derrière ?

La colère ? Mais qui donc la manifeste aujourd'hui plus amèrement que jamais ? Qui donc fouille dans l'arsenal des lois despotiques de l'Empire pour écraser, coûte que coûte, des adversaires qui luttent loyalement au grand jour ?

Mais quoi, ces messieurs de la réaction se sentent perdus ; la peur les talonne ; ils prennent et veulent nous faire prendre leurs hallucinations pour de l'histoire.

Pauvres actionnaires de la presse dévote, pauvres avocats d'une cause effroyablement compromise, les joies du monde futur vous consoleront des déboires d'ici-bas.

Michel Trottinet.

VI

Pernand, le 26 juillet 1877.

Monsieur le Rédacteur,

Je lis dans une feuille bien pensante de notre canton la nouvelle que voici :

« Plusieurs facteurs ruraux, surpris en flagrant délit de distribution clandestine de brochures radicales, viennent d'être révoqués par l'administration des postes et sont, en outre, poursuivis en police correctionnelle pour colportage illicite. »

Ce qui sort de chez l'imprimeur de la sacristie ne saurait manquer à la vraie vérité. J'ajoute donc à cette nouvelle une foi sincère.

Cependant, si j'en crois un brave homme d'Argilly, qui me le contait récemment, les facteurs ruraux font parfois de la propagande (non radicale, il est vrai) sans que l'administration les poursuive.

— Lit-on les journaux républicains chez vous? lui demandai-je.

— Bien certainement. Mais leurs abonnés seraient plus nombreux encore, sans le moyen de concurrence qu'emploie une feuille conservatrice du département.

— Quel moyen ?

— Le plus simple du monde : une remise de quinze sous par abonnement au facteur qui distribue le journal.

— Et ces bons lecteurs se laissent allécher?

— Oh ! pas tous. Mais enfin dans nos montagnes on a moins de facilités qu'en ville pour apprendre vite ce qui se passe au chef-lieu. Puis le bureau de poste est loin. Nos facteurs se chargent complaisamment de nous abonner. Ils recommandent la feuille de bien. Et d'aucuns se laissent faire sans y voir malice.

Le bonhomme citait le nom du journal. Je m'abstiens de l'écrire, étant fort discret de mon naturel.

Quand le camarade me demanda pourquoi le *Progrès* n'offrait pas vingt sous aux facteurs, je lui démontrai que l'argent, par le temps de moralité qui court, change de couleur suivant la main qui le donne ; que recevoir quinze sous d'un soutien de l'ordre actuel est excusable, tandis que les vingt sous d'une feuille républicaine constitueraient justement le délit.

J'ajoutai ensuite — et le camarade en demeura d'accord — que tenter les pauvres gens serait indigne des organes du parti libéral, et que le bon sens des électeurs saurait bien reconnaître son droit chemin au travers du labyrinthe des fanfaronnades réactionnaires.

L'homme remonta vers son village, réconforté, rassuré. Chez nous déjà la lumière est faite : il n'y a facteur qui tienne, nous savons bien quel bulletin choisir.

JEAN MAUMENET.

VII

Chronique électorale Beaunoise

Beaune, le 27 juillet 1877.

L'annonce de la candidature officielle du noble M. de Montgascon surprend beaucoup les électeurs. Se présenter, c'est la moindre chose ; mais encore faudrait-il avoir quelque recommandation locale et légitime auprès du corps électoral ; encore faudrait-il que les votants pussent connaître quelque chose du personnage qui sollicite leurs voix.

Les feuilles bien pensantes, qui doivent en savoir plus que le *Progrès* pourtant, ne soufflent mot de leur candidat. Sans nul doute, elles nous réservent l'exposé de ses mérites pour la redoutable manœuvre de la dernière heure.

« Quelle raison, demandait hier un électeur, quelle raison peut donc avoir cet inconnu pour venir chez nous à la sourdine essayer une lutte impuissante contre Pierre Joigneaux ? »

Quelle raison ?.... Eh ! mon Dieu ! c'est bien simple.

Cherchez la femme ! répétait certain magistrat, quand il s'agissait de découvrir les mobiles d'un crime inexpliqué.

Cherchez l'intérêt personnel ! quand il s'agit de comprendre les agissements des chevaliers de l'ordre moral.

M. de Montgascon fait de la diplomatie sa carrière.

L'avenir pour lui dépend des papiers que renferment les cartons poudreux du ministère, dépend de *son dossier* (puisqu'il faut appeler les choses par leur nom). Avoir de bonnes notes, des notes conservatrices, des notes surtout résolûment anti-libérales, c'est donc le fort et le fin de la science de son intérêt personnel. Et, malheureusement, le dossier de M. de Montgascon porte la trace d'une mauvaise note qu'il lui faut à tout prix effacer.

Oui, lecteurs, M. de Montgascon lui-même fut jadis accusé de sympathie, d'amitié, pour les partisans du pétrole.

Oh! ne vous récriez pas! C'est de la bouche d'un familier du château de Savigny que l'aveu s'est échappé. Jamais, vous le savez, l'on n'est mieux trahi que par les siens.

Et de quelle amitié si coupable a-t-on soupçonné le descendant des anciens preux ?.....

D'une liaison... c'est épouvantable à dire... d'une liaison avec Pierre Joigneaux !!!

C'était je ne sais en quelle année, à quelque réunion concernant l'agriculture et le commerce, qui se tenait à Dijon. La politique n'entrant pas dans le programme, chacun disait librement son affaire, communiquait les renseignements qu'il avait recueillis. Conduit là par son beau-père, M. de Montgascon parla. — Avec cette loyale bonhomie qui lui est accoutumée, notre ami Pierre Joigneaux, dans un article sur la réunion, rendit justice au jeune Monsieur.

Comment, Joigneaux ne vous calomnie point ? Comment, un républicain ne vous insulte pas ? Quoi, d'une plume rouge ne découlent pas des articles venimeux à votre adresse ? Vous n'avez donc pas montré, même à propos d'agriculture, la solidité de vos sentiments rétrogrades ? Vous n'avez donc pas rompu en visière avec les idées d'amélioration, de progrès ? Vous avez donc la sympathie des ennemis de l'ordre, des ogres de la propriété ? Vous êtes donc l'ami des communards ???....

Jugez, lecteurs, des angoisses du malheureux jeune homme. C'en était fait de son avancement.

Pour dissiper les soupçons, il ne lui restait plus qu'à faire un coup d'éclat, qu'à manifester son héroïsme ; et dût notre lutte électorale Beaunoise impitoyablement le renvoyer à son bureau du ministère, il lui fallait montrer aux yeux des moins clairvoyants qu'il n'est pas l'ami de Pierre Joigneaux.

Citoyens électeurs, qui voterez contre le gentilhomme, ayez quelque pitié pour ce pauvre *candidat malgré lui !*

Michel Trottinet.

VIII

Chronique électorale Beaunoise

Beaune, le 29 juillet 1877.

Nous nous étonnions hier du silence gardé par notre feuille gouvernementale sur la candidature de M. de Montgascon. Notre insistance frisait peut-être l'indiscrétion, mais pourtant l'explication du mystère nous est aussitôt fournie dans les termes suivants :

« Certaines personnes reprochent au gouvernement

« de n'avoir pas encore publié la liste des candida-
« tures officielles. On devrait pourtant se rappeler que
« de pareilles candidatures ne s'improvisent pas en
« un moment, qu'on ne désigne pas un candidat offi-
« ciel comme on nomme un préfet ou un sous-préfet,
« et que *l'élément principal dont il y a lieu de tenir*
« *compte, c'est le corps électoral.*

« L'appui du gouvernement ne peut être autre chose
« qu'un appoint, et *les candidats appuyés par le mi-*
« *nistre n'ont de chances que lorsqu'ils ont des racines*
« *dans l'arrondissement où ils se présentent,* et lors-
« qu'ils sont désignés à la fois par l'opinion publique
« et par le gouvernement.

« Un candidat qui, par cela seul qu'il aurait l'offi-
« cialité, se croirait sûr du succès et n'agirait point par
« lui-même, s'exposerait à d'étranges mécomptes. »

Méditez, lecteurs, ce morceau de prose officieuse.

Le corps électoral est le principal élément dont il y
ait lieu de tenir compte. — D'accord. — Mais les 363
étaient les élus du corps électoral ; et pourtant les
voilà dispersés. Comment donc, ô feuille gouvernementale, accommodez-vous le principe avec les faits actuels ?

Même avec l'appui du ministre, les candidats n'ont
de chances de succès qu'autant qu'ils ont des racines
dans l'arrondissement, nous dit encore l'organe beaunois de la réaction. — Je ne lis rien dans la presse libérale, qui soit plus réconfortant pour les électeurs
que cette déclaration quasi-officielle.

Des racines, des racines chez nous, lequel de nos
deux candidats en possède ?

Notre ami Pierre Joigneaux n'en est plus à faire ses

preuves. Ses votes sont connus ; ses écrits se trouvent dans toutes les mains, au village autant qu'à la ville, et plus encore, peut-être ; il n'y a dans notre pays si chétif hameau dont les petits enfants n'aient entendu son nom. — Qui donc a vu les œuvres de M. de Montgascon ? Qui même sait bien au juste comment il s'appelle ? Son nom, je l'écris tant bien que mal, parce qu'un indiscret me l'a soufflé dernièrement à l'oreille ; mais je ne l'ai vu nulle part imprimé sur travail de sa façon.

Il n'est pas très-sûr, d'ailleurs, que sa candidature soit définitivement appuyée par les puissances moraliennes, si j'en crois ce que dit encore la feuille déjà citée :

« Le ministre, se rendant très-bien compte de la si-
« tuation, a résolu, avant de choisir ses candidats, d'é-
« tudier soigneusement le terrain électoral et de pres-
« sentir dans chaque arrondissement le vœu des élec-
« teurs.

« Il a voulu voir également comment les candidats
« se préparaient à affronter les chances du scrutin, et
« quelle était déjà leur intelligence, leur activité.

« Un pareil travail ne pouvait se faire en un jour, et
« l'on ne peut que féliciter le ministre d'y apporter les
« garanties indispensables.»

Les garanties qu'offrira M. de Montgascon paraîtront-elles suffisantes à M. de Fourtou ? — J'augure assez de l'énergie de notre ministre pour espérer qu'il prendra bien ses précautions.

« Toute autre manière de procéder aurait été stérile.
« On peut, en effet, seconder, favoriser, parfois même

« diriger l'opinion publique, mais on ne peut pas la
« violenter. Rien de factice n'est durable. »

Rien de factice n'est durable. Vous l'entendez, lecteurs,
vous l'entendez. Et factice est, d'après les citations que
je vous ai mises sous les yeux, tout ce qui n'a pas de
racines dans le pays, tout ce qui ne s'appuie pas sur
le corps électoral.

Je ne saurais mieux dire que l'officieux écrivain. Et
je me tais.

MICHEL TROTTINET.

IX

Beaune, le 1er août 1877.

C'est vers trois heures et demie qu'arrive à la gare
de Beaune le train qui nous apporte les journaux de
Paris. Quelques petits rentiers de la ville et quelques
voisins, quotidiennement, se tiennent alors dans le ves-
tibule de la gare, pour attendre l'arrivée du convoi et
le déballage des journaux. Tout se passe là fort tran-
quillement, entre gens de connaissance, on pourrait
même dire en famille ; et le gendarme solitaire, qui
représente en cet endroit l'autorité gouvernementale,
n'a jamais eu, depuis la construction du chemin de
fer, l'occasion de verbaliser.

La *Petite République française,* la *Lanterne,* et d'autres feuilles de teinte analogue, s'enlèvent, il est vrai,
beaucoup plus lestement que les papiers conservateurs.
Mais tout le monde sait qu'à Beaune les idées sont,

comme les vins des coteaux, passablement colorées ; jusqu'ici nul fonctionnaire n'y avait trouvé matière à témoigner de son zèle, et les bonnes gens, qui jouissent de quelque loisir, se procuraient la satisfaction d'avoir parcouru leur journal, avant le passage du colporteur dans leur rue.

Aujourd'hui, le vent de l'ordre moral a soufflé par là.

Notre vendeuse de journaux, qui stationne à la gare, se promène avec une corbeille toujours aussi vaste, mais beaucoup moins rebondie. Sur l'osier l'on voit s'étaler

Rari nantes in gurgite vasto

les feuilles les mieux pensantes, mais elles toutes seules.

On a remarqué, nous affirme-t-on, monsieur le nouveau Sous-Préfet discutant en personne, la semaine dernière, avec la marchande ; et de cette conversation date la métamorphose du contenu de la corbeille.

J'aurais bien voulu questionner la vendeuse ; mais au premier mot, vite, elle m'a tourné le dos, en me toisant d'un air soupçonneux ; je venais, il est vrai, de lui prendre une feuille connue pour la protection qu'elle accorde aux bonnes mœurs, et l'emplette me recommandait insuffisamment à la confiance de la dame.

Quoi qu'il en soit, l'ordre moral a mis bon ordre au débit des papiers mal notés. Les habitués de la gare vont, selon toute apparence, voter maintenant pour M. de Montgascon.

***

X

Chronique électorale Beaunoise

Beaune, le 3 août 1877.

Personne chez nous, disais-je dernièrement, ne connaît M. de Montgascon. J'avais tort ; je le constate, et je m'empresse de faire amende honorable. M. de Montgascon est connu, connu depuis longtemps du... portier de la sous-préfecture.

En l'année 1870, après le 4 septembre (notez bien la date, s'il vous plaît !) quand la République s'efforçait de réparer les désastres causés par l'ineptie impériale, M. de Montgascon, plein de confiance, prodiguait sa personne dans les escaliers de la sous-préfecture beaunoise, et ne semblait pas animé d'horreur pour les hommes qu'il combat maintenant.

Depuis quelques jours, l'honorable et fin diplomate revient quotidiennement au bâtiment sous-préfectoral. Grande jubilation pour Monsieur le concierge, à qui de si nombreuses visites font légitimement espérer, pour le jour du triomphe, un pourboire noblement calculé !

De la rue Bretonnière au manoir de Savigny, ce ne sont qu'allées et venues de l'aube au coucher du soleil, et l'on en jase.

Notre Sous-Préfet, qui n'a pas fait, hier, la visite annoncée au local de l'école mutuelle, n'a pas encore ouvert publiquement la bouche. Il travaille donc ; car que faire en une si triste sous-préfecture, à moins que l'on ne travaille. Et l'on a grand besoin de travailler, quand on prétend régenter un arrondissement dont l'on ne sait ni les nécessités, ni les désirs.

C'est un bien bel homme, que notre Sous-Préfet! Le diplomate, au contraire, n'est que de taille moyenne. Aussi, comme le fonctionnaire domine le candidat! C'est merveille de les voir. Ne serait-ce pas plus grande merveille encore de les entendre?...

On les entendra, mes amis, on va les entendre. Et ce sera bientôt; ce sera, dit-on, dans le cours d'une cérémonie populaire et pourtant fort imposante; la musique renforcera l'éloquence. Oh! ce sera beau!

Lundi prochain, 6 août 1877, s'opère, en effet, la distribution des prix aux élèves du collége Monge, établissement municipal d'instruction secondaire. M. le Sous-Préfet, revêtu de son habit brodé tout neuf, conformément aux prescriptions de M. de Fourtou, conduira là son protégé. M. de Montgascon prendra problablement la parole, et, sans nul doute, il saura toucher le cœur des mères, des sœurs, peut-être aussi des collégiens. Oh! ce sera bien beau!

Citoyens électeurs, qui êtes pères de famille, quand vos garçons, vos filles, vos femmes, reviendront lundi soir du collége, prenez garde que leur enthousiasme ne vous gagne; prenez garde que les flots de l'éloquence gouvernementale et conservatrice n'éteignent les feux de votre amour pour la République et la France!

Prenez garde! Un diplomate, c'est tellement insinuant!...

Je sais bien que M. de Bismarck, en 1870, qualifiait assez lestement notre ambassadeur en Allemagne. Mais ce Bismarck a mauvaise langue, et le gentilhomme de Savigny n'était pas tout à fait un ambassadeur.

Allons, tout n'est pas encore perdu !

MICHEL TROTTINET.

XI

Chronique électorale Beaunoise

Beaune, le 6 août 1877, 3 heures.

On l'a entendu, mes amis, on vient de l'entendre ! C'était une bien belle cérémonie ! Tout le monde faillit pleurer, quand la voix de l'orateur devint sanglotante, et que de ses yeux tentèrent de jaillir quelques larmes. . .

Mais il faut tout conter par ordre.

A Versailles, le théâtre, devenu sérieux, résonnait avant le 16 mai des éclats de l'éloquence parlementaire. A Beaune, la chapelle de l'Oratoire, devenue mondaine, servait de lieu d'exhibition. Car c'était bien d'une exhibition qu'il s'agissait, quoique le patron de l'établissement nous eût conviés à la distribution des prix du collége municipal.

D'après nos lettres d'invitation, la solennité devait être présidée par M. le Maire. Cependant sur l'estrade, ni maire, ni conseiller municipal, ni personne des notables de la ville, sauf les professeurs du collége. Explique ce mystère qui pourra.

La salle était comble de jeunes filles et de mères. Le sexe le moins beau n'était représenté là que par douze vieillards, les collégiens ne comptant pas. A l'angle d'un pilier, derrière une villageoise, un homme était assis dans la foule, connu de chacun, salué de tous côtés par les plus affectueux sourires, choyé dans son coin, tandis que l'autre.... Mais ne dérogeons pas à l'ordre.

Un long personnage, tout rasé, cravaté de blanc, occupait le fauteuil présidentiel. Il était, nous a-t-il conté, spécialement délégué par l'illustre ministre qui.... Mais là n'était pas l'intérêt de la séance.

A côté du long vieillard, notre superbe Sous-Préfet, militairement sanglé dans sa tunique. C'est décidément un bien bel homme, et nul ne l'égalait en prestance, si ce n'est peut-être (encore n'oserais-je l'affirmer) le fonctionnaire municipal qui barrait aux indiscrets l'entrée du sanctaire.

A la suite du beau Sous-Préfet se tenait un petit monsieur, la barbe noire, le crâne luisant, le dos rebondi, la poitrine ceinte d'un immense ruban rouge.

Après une allocution du vénérable président, notre petit monsieur, se redressant d'un bond, se mit à parlotter, en secouant alternativement la main droite et la main gauche, comme font les bonshommes de carton, quand on leur tire la ficelle. Il raconta en souriant dès l'abord, qu'il était notre concitoyen depuis long-temps ; qu'il aimait la Bourgogne ; qu'il s'occupait d'organiser au collége (qu'il nommait insidieusement lycée) des cours de transports maritimes, de viticulture, de viniculture ; il célébra le vin, le bon vin, compara le fruit de la vigne aux jolies femmes. Une fois sur ce chapitre, le petit monsieur babilla, babilla, secouant ses menottes, sautillant sur les talons ! —

Oh ! le chérubin ! Plusieurs vieilles dames vont en rêver, à coup sûr.

Pendant la dissertation sur les jolies femmes, le visage austère du délégué de M. Brunet se colora d'une teinte rose. — Chastes ombres des pères de l'Oratoire, n'avez-vous pas tressailli dans vos tombes ?

Puis le petit monsieur soupira les douleurs de la vie sur la terre étrangère. Par sa fenêtre, aux rives du Bosphore, il examinait les navires, guettant le pavillon tricolore, ce pavillon bien-aimé.... Oh ! pour le coup, l'attendrissement gagna l'orateur ; sa voix hoqueta ; ses paupières clignotèrent. L'assistance allait pleurer. — Mais pist ! le petit monsieur revint à ses tendres sourires, parlotta longtemps encore. — Quand il se rassit, l'orchestre s'oublia dans son extase : clarinettes et trombones demeurèrent silencieux.

Je demandai le nom du ravissant discoureur ; nul ne le savait autour de moi. Seul, un petit paysan, venu tout exprès de Savigny pour assister à la séance, m'assura que c'était le gendre de M. de Laloyère.

Je vous l'avais bien dit, samedi dernier, je vous l'avais bien dit, que nous aurions la joie d'entendre le spirituel diplomate, le protégé de M. de Fourtou, l'ami de notre splendide Sous-Préfet. Quelle joie pour les douze électeurs présents ! Quel succès pour le gentilhomme ! Vraiment il a bien les *nobles* manières, ce petit baron. Il sent d'une lieue son Louis XV. Quelle désinvolture, quel sans-gêne !

Pierre Joigneaux, mon ami, ce n'est pas vous qui, sans nul mandat, sans titre aucun, sans bonne raison, même sans prétexte, seriez venu exhiber d'aussi vaste ruban devant gens ne vous connaissant point et ne sachant d'où vous sortez. Vous n'êtes que du peuple, mon ami; l'autre est de la noblesse. Les électeurs voteront pour vous, parce que dans nos cantons c'est le peuple qui fait le vote; mais si nos lois accordaient les bulletins aux vieilles dames, pauvre Joigneaux, le gentil petit baron pourrait bien vous enlever quelques douzaines de voix.

MICHEL TROTTINET.

Lettre de M. de Montgascon au *PROGRÈS*

Savigny-les-Beaune, le 9 août 1877.

MONSIEUR LE RÉDACTEUR EN CHEF,

« Le correspondant beaunois du *Progrès de la Côte-* « *d'Or* a étrangement travesti le sens des paroles que « j'ai prononcées, à Beaune, à la distribution des prix « du collége Monge.

« Evidemment son libéralisme, comme celui de la « municipalité beaunoise, ne lui avait point permis « d'assister à cette solennité, en apprenant qu'un minis- « tre plénipotentiaire de la République française, mem- « bre de la commission des exportations, et son com- « patriote depuis déjà longues années, devait y traiter « des questions commerciales dont, par la nature même « de ses fonctions, il s'occupait bien avant que l'on pût « songer aux élections prochaines.

« Ce n'était pas une raison, Monsieur, pour que « votre correspondant me fît dire exactement le con- « traire de ce que j'ai soutenu en parlant de la femme « comparée au vin de Bourgogne. J'ai affirmé que la

« femme *chrétienne* et *française*, comme le vin de nos
« riches coteaux, ne faisait que gagner en vieillissant;
« qu'après avoir été, *jeune fille*, l'enfant privilégiée de
« la maison, *jeune épouse*, l'objet de notre plus vive
« tendresse, en devenant *mère*, elle était encore l'objet
« de notre plus tendre amour, et qu'enfin parvenue à
« la dignité d'*aïeule*, ses vertus la faisaient nommer de
« tous la *bonne maman*.

« Je n'ai donc cité que pour le combattre ce sot
« proverbe : le vin de Bourgogne, comme la jolie
« femme, n'a qu'un moment qu'il faut saisir. Après
« avoir rendu un hommage mérité aux qualités de nos
« femmes *à tous les âges*, j'ai avancé que les grands
« vins de Bourgogne possédaient une véritable tenue,
« quand ils avaient été bien faits et bien soignés, tenue
« qu'on leur conteste très-injustement à Bordeaux
« comme à l'étranger. J'ai raconté que j'en avais fait
« boire à des Turcs et à des Russes, assis à la même
« table à l'ambassade de France à Constantinople,
« quand j'avais l'honneur de la diriger par intérim,
« et que des négociants beaunois, mes amis, m'en
« avaient même fait déguster, retour d'Amérique.

« Je ne vois donc pas, Monsieur, dans ces assertions
« ce qui a pu effaroucher la pudibonderie de votre
« correspondant. Les mères et les honnêtes femmes
« qui m'ont écouté avec une bienveillance, dont je les
« remercie, quand je développais devant elles des
« idées fort arides sur les cours de sciences appliquées
« au besoin de notre région, m'ont prouvé, par leurs
« applaudissements, qu'elles ne s'étaient point mépri-
« ses, comme lui, sur le sens de mes paroles concer-
« nant le rôle de la femme dans la famille.

« Je n'ai pas la prétention d'être un homme politique,
« Monsieur, mais j'ai celle d'être un bon père de fa-
« mille, et quand votre correspondant essaie de faire
« de moi un galantin (un petit baron qui sent d'une
« lieue son Louis XV), il prouve seulement qu'il ne
« me connaît pas plus que les véritables intérêts de
« notre viticulture et de notre commerce bourguignon.
« Il ferait mieux de s'en occuper que de chercher à
« calomnier un homme qui a le regret, comme votre
« journal le lui reproche sans cesse, de n'être pas
« aussi connu de vos lecteurs qu'il serait heureux de
« l'être.

« Je ne crois pas avoir besoin, Monsieur, de requé-
« rir l'insertion de cette lettre par les voies légales.
« Je compte assez sur votre loyauté pour en espérer
« de vous la publication intégrale dans votre plus
« prochain numéro.

« Recevez l'assurance de ma parfaite considération.

« D'ARCHER DE MONTGASCON,

« Ministre plénipotentiaire,
« Membre de la commission des exportations. »

XII

A MONSIEUR LE BARON D'ARCHER DE MONTGASCON,
MINISTRE PLÉNIPOTENTIAIRE, MEMBRE DE LA COMMIS-
SION DES EXPORTATIONS.

Beaune, vendredi soir, 10 août 1877.

En ouvrant le *Progrès de la Côte-d'Or* qui m'arrive
à l'instant, j'y découvre, avec une surprise mêlée de

confusion, la réponse dont Votre Excellence honore ma chronique électorale de lundi.

C'est trop d'honneur, en vérité, c'est trop d'honneur pour moi, chétif, que d'attirer l'attention d'un ministre plénipotentiaire. Car je ne suis rien, Monsieur le Baron, je ne suis rien, pas même conseiller municipal ; et, ce qui pis est encore, je ne me sens pas l'ambition de devenir quelque chose.

Mais vous m'accusez d'avoir parlé d'une séance à laquelle je n'assistais pas, d'avoir travesti le sens de vos paroles ; et, plus vous avez d'autorité parmi les hommes, moins il m'est permis de me taire, quand vous cherchez à rendre suspecte ma bonne foi.

Je prends donc respectueusement la liberté de remettre d'abord sous vos yeux la phrase qui vous a, paraît-il, touché si vivement au cœur. J'ai dit : « *Il compara le fruit de la vigne aux jolies femmes.* » Citer un fait matériel n'est pas travestir. D'ailleurs, loin de nier le fait, vous reproduisez aujourd'hui votre comparaison, vous la faites imprimer en toutes lettres.

N'ayant pas étudié le français qui se parle aux rives du Bosphore, j'ignore ce que vous entendez par ma *pudibonderie*. Je vous affirme seulement que je n'ai point rougi, mais que j'ai vu, de mes yeux vu, se colorer d'une teinte bien rose l'austère visage du président, quand vous avez comparé la femme et le bon vin. Pourtant, si l'honorable délégué du ministre nous déclare que son visage est resté pâle durant tout votre discours, je suis prêt, Monsieur le Baron, prêt à faire amende honorable, prêt à écrire à cette place même que mes yeux m'ont trompé, que mes yeux ont mal vu.

Quant aux applaudissements partis de l'auditoire, et qui font tant votre bonheur, j'ai le regret de ne les avoir point entendus. — Et la *Revue Bourguignonne,* que certes vous n'accuserez pas de malveillance à votre égard, la *Revue Bourguignonne,* Monsieur le Baron, ne les a point davantage entendus. — « Ce discours, dit-elle, a été fort applaudi. » Mais c'est du discours lu par un professeur qu'elle parle ; elle se tait sur les applaudissements concédés au vôtre.

Ce n'est point la politique, assurez-vous, qui vous pousse actuellement à vous produire devant les habitants de Beaune. C'est le pur amour de la science. — Mais pourquoi ne pas suivre l'exemple donné par tant de savants illustres, pourquoi ne pas simplement convier les vignerons, les commerçants, les écoliers même, à des conférences ? Pierre Joigneaux l'a fait, Monsieur le Baron ; les auditeurs se pressaient en foule pour s'instruire à ses leçons ; et les plus nombreux, je vous le jure, n'étaient point de ses amis politiques.

Et ce vieux vin, que des Beaunois vous ont fait déguster après son long voyage, il revenait d'*Amérique,* dit votre lettre ; il revenait de *Nouméa,* nous disiez-vous à l'Oratoire. — Vous avez fréquenté l'Allemagne, Monsieur le Baron ; vous n'ignorez donc pas la géographie ; vous connaissez donc l'immensité qui sépare la Nouvelle-Calédonie du Nouveau-Monde. Alors pourquoi cette modification, pourquoi ce *travestissement ?* — L'on revient de Nouméa, parfois ; mais l'on s'échappe aussi des bastions de Sainte-Marguerite. Je n'aurai pas la cruauté d'insister sur ce point.

Que vous soyez un bon père de famille, nul ne le conteste, Monsieur le Baron ; j'avoue même que je l'ignorais, puisque j'ai constamment répété que vous m'étiez inconnu. Mais, veuillez m'en croire, à Beaune comme partout, les bonnes gens vénèrent le véritable mérite, aiment la science, bénissent les savants qui les aident à s'instruire. Dites que vous ne briguez pas nos suffrages; dites que vous n'êtes point le futur candidat gouvernemental que nous réservent les élections prochaines ; dites-le simplement : votre parole de gentilhomme suffira pour dissiper l'équivoque dans laquelle vous vous débattez en vain ; et nous irons écouter avec reconnaissance les utiles conférences que vous inspirera votre attachement pour notre Bourgogne bien-aimée; et nos applaudissements ne vous seront point marchandés.

Daignez agréer, Monsieur le Baron, l'assurance de mes respectueux sentiments.

MICHEL TROTTINET.

XIII

Dernière chronique électorale Beaunoise.

Beaune, jeudi soir, 16 août 1877.

C'en est fait, mes amis, c'en est fait. — Vous comptiez sur une lutte héroïque, mais

« .... *le combat finit, faute de combattants !* »

La chapelle de l'Oratoire paraissait devoir être encore aujourd'hui le théâtre de l'escarmouche. On y distribuait les prix aux jeunes élèves de l'école mutuelle communale ; nos lettres d'invitation s'étaient fait désirer, parce que, murmurait-on, les ordres d'en haut n'arrivaient pas vite pour fixer le choix du président ; le nom du maire ayant pris enfin sa place au programme, on ne comptait qu'à demi sur sa présence, puisque la distribution du collége avait déçu précédemment l'espérance du public ; on attendait le magnifique Sous-Préfet ; l'on croyait même à quelque deuxième allocution du gentilhomme de Savigny. Mais rien, mes amis, rien de tout cela.

Cérémonie modeste, cordiale, municipale seulement, comme elle aurait toujours dû l'être. Un bel et bon discours de M. le Maire, prêchant l'épargne, le travail, l'amour du pays, le respect des institutions républicaines ; des applaudissements sympathiques et spontanés; pas trace de politique militante ni d'ordre moral. Nous étions en famille.

« Nous sommes volés ! » fait quelqu'un derrière moi. Je me retourne : trois messieurs ventrus, porteurs de lunettes, familiers des bureaux d'une feuille pieuse, fendaient à force d'épaules et de coudes la foule massée à la porte de l'Oratoire, et se retiraient en grommelant.

Ils se croyaient volés, ces gros messieurs, parce que les mères de famille écoutaient avec déférence les fortifiantes exhortations du représentant de la cité Beaunoise. Ils se croyaient volés parce que, venus là pour quêter le scandale, ils n'avaient trouvé qu'harmonie entre les citoyens de Beaune et leurs élus. — Grand dommage, en vérité.

En sortant de l'Oratoire, je comparais la séance de ce jour avec la solennité de la semaine dernière, et je me rappelais en même temps ce que me contait l'un de mes amis, hier soir, et que je m'en vais, sous toutes réserves, maintenant vous répéter :

L'on causait dans je ne sais quel salon de Beaune, on causait des événements du jour, comme c'est assez la coutume.

« Je l'ai vu, disait l'un des visiteurs connu pour la solidité constante de ses principes.... conservateurs. Je lui ai dit franchement qu'il n'avait aucune chance de réussite. — Chacun m'a dit la même chose, m'a-t-il répondu. Je n'aurai donc pas la bonhomie de payer les frais d'une candidature aussi mal assurée. J'aime beaucoup mieux rester chez moi. »

Ce propos, mes amis, je ne l'ai point entendu. Mais celui qui me l'a conté le tenait de source bien certaine.

Comparez, mes amis ; jugez à votre tour. L'homme du château recule devant l'homme de la chaumière. Pierre Joigneaux, si l'on m'a dit vrai, triomphe, même avant la bataille. C'est bien.

Mais ce n'est pas tout, mes amis. — C'est peu de chose que d'être vainqueurs, si l'on ne tire parti de la victoire. Et le progrès ne devant jamais arrêter sa marche, demain comme aujourd'hui, nous aurons travail à faire, effort à soutenir, adversaire à combattre.

Ne nous reposons donc point sur un succès probablement facile, et continuons à faire bonne garde.

Pour moi, chers amis, je n'ai plus rien à dire d'un ennemi terrassé. Je pose la plume et vous serre la main.

MICHEL TROTTINET.

XIV

Trop de zèle

Beaune, le 23 août 1877.

Les messieurs à barbiche et à longues moustaches ne perdent point leur temps : le café, le cabaret, même la diligence, tout leur est bon comme terrain de manœuvres.

« *Surtout, point de zèle !* » — recommandait jadis à tous les gens qu'il employait, l'abbé-diplomate qui fit si bien son chemin sous le premier empire. « *Surtout, point de zèle !* »

Cette formule est vieillie, sans doute, et passablement démodée ; car les moindres agents de ces messieurs font du zèle, du zèle, tant de zèle, que les plus naïfs des électeurs commencent à montrer de la défiance.

Ainsi, tout récemment, dans une voiture publique, on faisait la conversation. L'un des voyageurs vantait à pleins poumons les mérites de son patron, futur candidat gouvernemental aux élections prochaines : « *Il rend beaucoup de services, disait-il avec enthousiasme, et si grande est son influence, qu'il vient d'obtenir pour tout son arrondissement la remise des quatre jours de prison encourus par les réservistes qui n'avaient pas à temps répondu à l'appel.* »

Qui veut trop prouver ne démontre pas grand'chose :

le commis-voyageur en élections ne provoqua rien, que des haussements d'épaules.

« *Il est bon que cela se répète !* s'avisa-t-il d'ajouter encore. *Il est bon que cela soit connu !!!* »

Oui, vraiment, il est bon que de pareilles gasconnades ne soient point tenues sous le boisseau. Il est bon que les électeurs sachent à l'avance jusqu'où peut aller désormais l'impudence de certains agents de la réaction.

L'on a poursuivi, condamné pour outrage aux ministres, des gens qui tenaient des propos moins offensants que les récits de ce voyageur. Il est vrai que les sentiments de justice et de loyauté du général Berthault, ministre actuel de la guerre, sont au-dessus des atteintes d'aussi chétifs bavards ; les confidences du monsieur de l'omnibus étaient beaucoup trop maladroites pour devenir dangereuses : le sens commun des auditeurs en a fait bonne justice.

Le plus à plaindre, dans cette affaire, est le patron du monsieur, qui, avec d'aussi piètres serviteurs, n'en a certes point pour son argent.

Raphael Waldès.

XV

Un mystère à Beaune

Beaune, le 1er septembre 1877.

Sur l'une des places de Beaune se remarque une maison, d'aspect monotone et claustral, dont les persiennes depuis longtemps sont closes, dont la porte cochère couverte d'une peinture jaunâtre est constamment verrouillée avec soin.

Quelques minutes avant une heure, ce vendredi 31 août, la porte de l'immeuble désert se trouvait néanmoins ouverte ; une chambrière accorte, en robe gris-cendré, montait auprès la garde. Le ciel était sombre ; la pluie tombait : cette chambrière inconnue, cette porte entre-bâillée sur une vaste cour solitaire, cette habitation toujours silencieuse, tout à coup protégée par une femme, tout cela provoquait l'anxiété chez les passants qui de loin en loin traversaient la place.

L'heure sonnait à peine, qu'un monsieur grave, à demi caché par son parapluie et rasant la muraille, s'élançait par l'ouverture mystérieuse. Puis un autre monsieur, non moins grave, puis un personnage à barbe blanche et ruban rouge, puis un autre, puis encore un autre, puis d'autres encore, de divers côtés arrivant, se glissaient comme en tapinois dans la triste maison. La gardienne semblait cependant leur sourire à tous. Un gros homme, abrité sous un parapluie vert, leur succéda. Plusieurs messieurs, à barbiche et longues moustaches, défilèrent à leur tour. Un vieillard, amené dans un vieux carrosse, descendit non loin de là, parut hésiter d'abord, enfin s'avança. — La noblesse antique, la récente noblesse, le droit, le journalisme, le négoce, la nouveauté, la médecine, jusqu'à l'architecture, toutes les splendeurs d'un ordre superbement moral paraissaient là s'être donné rendez-vous.

A la demie, la chambrière s'éclipsa ; la porte massive retomba sur ses gonds ; la maison reprit son habituelle apparence monastique. Et cependant les messieurs graves s'y trouvaient entassés. — Nul bruit, nul murmure, ne trahissait au dehors l'accumulation de tant d'illustrations beaunoises dans un même local. On n'entendait au loin, sur la place et dans les rues voisines, que le bruit des goutelettes qui, détachées des nuages lourds, frappaient en cadence les pavés et les tuiles....

O Ponson du Terrail, véridique historien des exploits de Rocambole, nous expliqueras-tu le mystère de la maison silencieuse ?

RAPHAEL WALDÈS.

XVI

Beaune, le 9 septembre 1877.

63 personnages bien pensants, dans la journée du samedi 8 septembre, se sont rencontrés dans une maison noble de Beaune; une voisine indiscrète s'est amusée à les compter et nous a récité les 63 noms : c'est la collection complète des échantillons de toutes les variétés conservatrices du canton : c'est un curieux musée d'antiquités plus ou moins décrépites.

Le choix d'un candidat gouvernemental préoccupe ces messieurs. La retraite du baron de Montgascon les plonge dans l'embarras ; les noms les plus fantaisistes sont mis en avant: chacun recule devant la perspective d'une défaite médiocrement glorieuse.

XVII

L'union des 63 Beaunois

Beaune, le 17 septembre 1877.

« La réunion de samedi — raconte la circulaire de l'union conservatrice beaunoise — la réunion du samedi 8 septembre a acclamé à l'*unanimité* la candidature de M. Delimoges. »

A l'unanimité de 63 messieurs bien pensants, vraiment ce serait une belle gloire. Mais pourquoi la *Revue Bourguignonne*, organe beaunois des intérêts conservateurs, ne souffle-t-elle mot du nouveau candidat, pas plus qu'elle n'a parlé des candidats qu'on cherchait dernièrement à produire ? L'unanimité des 63 ne se serait-elle donc pas manifestée avec une solidité à l'épreuve de la publicité locale ?...

Si j'en crois la voisine curieuse et babillarde qui a si lestement catalogué les 63, l'unanimité, célébrée par la circulaire signée *Jean Peste*, aurait eu bien du mal à s'obtenir.

Au début de la séance du 8 septembre, messieurs du beau monde auraient partagé leurs suffrages. Le motif de ce désaccord n'est que trop naturel, hélas ! car pour être conservateur, on n'en est pas moins économe, et le cœur le mieux imbu des principes moraliens ne saurait s'empêcher de saigner à la cruelle perspective de voir se délier les cordons de la bourse.

Or, l'un des membres de l'honorable assistance, connu pour la simplicité de son instruction comme pour son ardeur au négoce, offrait non-seulement d'accepter la candidature, mais encore d'en payer les frais de ses propres deniers. C'était merveille. On courait à la défaite sans gloire, mais au moins la lutte était sans dépense : grosse affaire pour qui sait compter.

Aussi, 30 des 63 messieurs présents donnèrent-ils bien vite leurs voix au candidat à si bon marché.

Mais les 33 autres, d'humeur plus généreuse, je suppose, ne se laissèrent pas séduire par ces considérations... économiques. — Force fut pour lors, aux meneurs de l'assemblée, de quêter un autre citoyen de bon vouloir : M. Delimoges se rencontra.

Faute de grives, vous savez..... Faute de candidat payant, l'on dut s'arranger d'un candidat moins prodigue de ses écus. M. Delimoges recueillit les votes, qui ne pouvaient se porter ailleurs, et l'unanimité conservatrice put être *urbi et orbi* proclamée.

Les électeurs bien pensants, comme de simples radicaux, vont donc être obligés de porter la main à là poche ! Nous verrons bien si la générosité de ces messieurs va se montrer à la hauteur de leurs sentiments ordre-moraliens.

Raphael Waldès.

XVIII

Conservation bien ordonnée...

Beaune, le 18 septembre 1877.

Muni de la circulaire électorale, un membre de l'union conservatrice beaunoise parcourait avec dévouement le plus suspect de nos faubourgs. Mais à quel sacrifice ne se résignerait pas une âme bien née pour le salut de la noble cause ? Notre conservateur s'en allait donc, de porte en porte, solliciter la cotisation du riche et l'obole du pauvre.

Au milieu du faubourg, le quêteur sonne chez un gros industriel en végétaux, dodu, cossu, connu pour les savoureux produits de son jardin comme pour les opinions résolûment conservatrices qu'il professe. De sa voix la plus insinuante, le pieux solliciteur expose l'objet de sa visite et prouve clairement, *par raison démonstrative,* combien il importe au salut des propriétés que MM. les propriétaires veuillent bien appuyer efficacement la candidature gouvernementale.

En fait d'appui moralien, nous le savons, celui des espèces dûment sonnantes et monnayées est le seul efficace : le faubourien comprend cela du coup, se rengorge à la perspective de voir son nom figurer dans le journal parmi ceux des soutiens du gouvernement, fouille au plus profond de la poche de sa culotte en toile, et tire avec majesté... un écu.

Le quêteur, à cette vue, se récrie : comment, le plus

cossu des planteurs de salades n'offrirait qu'un écu modeste ! quoi, le plus considéré des propriétaires du faubourg ne sacrifierait qu'une si faible somme à la défense de l'ordre, de la famille, de la propriété !...

L'autre cède à tant d'éloquence. Il fouille derechef dans sa culotte, cherche dans le dernier recoin, tâte avec précaution, retire avec la même dignité sa main terreuse, et présente... un deuxième écu.

Le quêteur se récrie de nouveau. « *Ah ! ma foi, vous m'en.....nuyez !* » riposte le cultivateur furibond. Là-dessus, vite il remet en poche les deux écus si mal accueillis.

Bouche béante, oreilles tendues, l'émissaire de l'union conservatrice se retire confondu. L'homme aux salades venait d'économiser ses dix francs.

Allons, messieurs de l'ordre moral, un peu plus de courage à la poche !!!

Raphael Waldès.

XIX

Plus de colportage à Beaune

Beaune, le 19 septembre 1877.

Adieu, journaux mal disants, bonne justice est faite.

L'année dernière, deux colporteurs nous distribuaient à Beaune les feuilles non-moraliennes ; ces journaux se vendaient en foule ; en revenant du marché, le matin, chaque laitière emportait au village des papiers imprégnés d'une encre subversive ; les idées s'en allaient se pervertissant de proche en proche ; l'opinion des électeurs menaçait de s'égarer sans espoir de retour. C'en était fait de la conservation sociale.

Mais la fée bienfaisante, qui veille sur nos destinées, suscita les gens de l'ordre moral pour assurer notre salut dans ce monde : un colporteur fut supprimé.

Néanmoins, sauver les bonnes âmes à moitié ne saurait suffire ; aussi le dernier des colporteurs beaunois vient-il de se voir — si l'on en croit son affirmation désolée — interdire à son tour son humble commerce.

Comment ces pauvres diables vont-ils gagner maintenant leur vie ?...

Au siècle dernier, un maigre bonhomme sollicitait d'un grand personnage un mince emploi, qui devait l'empêcher de mourir de misère. Econduit brutalement, le malheureux s'écrie d'une voix désespérée :

« Mais, monseigneur, il faut pourtant bien que je vive ! »

« *Je n'en vois pas la nécessité !* » riposta majestueusement le personnage.

Eh ! mon Dieu, oui. D'ailleurs, s'ils voulaient vivre, ces colporteurs, que ne se bornaient-ils à recommander aux acheteurs les feuilles gouvernementales ! Les clients regimberaient, n'achèteraient guère. Qu'importe ? Au moins la morale serait dûment protégée.

La morale... de cette histoire, la voici : l'on aime à lire, chez nous, mais non la prose dévote. On va se passer aujourd'hui de la distraction quotidienne. Puis, demain ? — Demain, l'on souscrira pour un abonnement d'un mois au journal favori. — Le mois prochain, l'habitude sera prise, on continuera l'abonnement.

Persécutez, messieurs de l'ordre moral, persécutez les feuilles qui vous déplaisent, ruinez les colporteurs : vous croyez semer des acheteurs pour les produits des imprimeries pieuses, vous récolterez des *abonnés* aux journaux républicains.

« Qui aime bien, châtie bien ! » nous disait notre vieux maître d'école, en nous frappant les doigts de sa baguette. Serait-ce, de la part des fonctionnaires du 16 Mai, la manifestation d'un amour secret, mais profond pour la République ?...

RAPHAEL WALDÈS.

XX

L'adversaire de Pierre Joigneaux

Beaune, le 25 septembre 1877.

Cette fois, nous le connaissons. Grâce à l'obligeance de M. le préfet de la Côte-d'Or, le mur Guilloutet s'ébrèche, et nous pouvons avec pleine assurance nommer en toutes lettres l'heureux citoyen que l'ordremoral a choisi parmi nous comme le plus digne de la protection gouvernementale et des faveurs officielles.

Son nom qui, du haut de nos pignons beaunois, maintenant s'étale aux yeux des promeneurs, s'écrit :

DELIMOGES

Ses titres, nous les ignorons. L'affiche l'appelle simplement :

Candidat du gouvernement de M. de Mac-Mahon
et c'est tout.

Pas un électeur de Beaune, jusqu'à présent, n'en sait davantage. Mais aux pauvres de savoir le ciel est promis dans l'autre monde, et la manne gouvernementale dans celui-ci. Les électeurs doivent se tenir pour satisfaits.

Les malins font néanmoins une observation : par-dessous la désignation *candidat du gouvernement de M. de Mac-Mahon,* qui s'étale en caractères presque aussi gros que ceux du nom du candidat, l'on peut lire, si l'on a de bons yeux ou tout au moins d'excellentes lunettes :

Président de la République.

Mais ces quatre mots sont imprimés d'un trait si délicat, qu'à distance on ne les aperçoit plus.

Dieu me garde de chercher noise à l'imprimeur du placard préfectoral : il connaît son métier, je suppose, et avait de bons motifs pour choisir ainsi dans ses casiers les numéros convenables.

Je croyais, tant je suis simple, que les feuilles blanches, payées par la totalité des contribuables, ne s'employaient que pour les actes d'utilité publique, et que, dans notre pays d'égalité, de bonne justice, de respect des lois, chaque candidature payait elle-même ses dépenses. J'allais donc m'étonner de la blancheur appétissante du placard Delimoges, quand, me hissant contre le mur pour mieux voir et frottant bien le verre de mes besicles, j'aperçus tout au haut de la pancarte ce titre :

Préfecture de la Côte-d'Or.

Le papier, qui décore nos rues depuis ce lundi 24 septembre 1877, n'est donc pas une vulgaire affiche de candidat, mais bel et bien un document préfectoral. C'est affaire à nos conseillers généraux, qui vérifieront le budget des impressions électorales, de s'enquérir du prix de revient de ce papier et de son mode de paiement.

Nous autres, gens du menu. maintenant nous constatons de nos propres yeux que l'histoire s'ouvre pour M. Delimoges. Nous attendons avec curiosité la profession de foi de ce nouvel homme politique, jusqu'à ce matin si profondément inconnu.

RAPHAEL WALDÈS.

XXI

L'adversaire de Pierre Joigneaux

Beaune, le 1ᵉʳ octobre 1877.

Il entre en scène, le jeune homme ; il entre en scène dans les colonnes d'une *Revue* pieuse. Mais, jugez de son infortune : au premier mot de son avocat, la vérité reçoit un accroc.

Dans son numéro du samedi 29 septembre, la feuille moralienne, en effet, décoche au *Progrès de la Côte-d'Or* un pavé massif, sous ce titre alléchant :

M. Jules Delimoges

et commence la catilinaire en ces termes :

« Depuis la décision du comité de Beaune au sujet
« de M. Delimoges et surtout depuis l'ouverture de la
« période électorale, le *Progrès de la Côte-d'Or* et à
« sa suite le *Journal de Beaune* attaquent sans relâ-
« che cette candidature. »

Voyons, dévote *Revue,* un peu d'arithmétique, s'il
vous plaît. — C'est le samedi 8 septembre, que le
comité de l'union conservatrice beaunoise a fini par
s'arranger de la candidature de votre jeune homme.
Et, dès le dimanche 9 septembre, un journal commet-
tait l'indiscrétion de dévoiler au public le secret de la
maison mystérieuse où les 63 Beaunois avaient tenu
leur conciliabule ; dès le 9 septembre, ce journal dési-
gnait au public le nom de votre bienheureux élu. Mais
ce n'était point le *Progrès de la Côte-d'Or,* c'était le
moniteur des dames galantes, c'était votre ami le *Fi-
garo.* — Vous le savez bien, pieuse *Revue.*

Depuis le 10 septembre jusqu'au 24, il y a deux
semaines pleines, n'est-ce pas ? Dans cet intervalle, le
Progrès a paru 12 fois ; il a donc, pendant ladite quin-
zaine, attaqué 12 fois votre candidat, puisque les attaques se font *sans relâche,* affirmez-vous. Et puisque
vous vous êtes offert un abonnement à notre feuille,
puisque vous lisez notre feuille, vous savez bien, ô
sincère *Revue,* que notre numéro du 17 septembre a
seul donné quelques lignes sur le candidat que vous
patronnez. — Une fois sur douze, voilà ce que vous
appelez *sans relâche.*

Depuis l'ouverture de la période électorale, une semaine entière s'est écoulée, six numéros du *Progrès* ont encore paru. Celui du 25 septembre *seul* contient un petit article sur votre intéressant jeune homme. — Une fois sur six, voilà ce que vous appelez *surtout sans relâche.*

En faisant le total, c'est, en citations vraies, 2 sur 18, que vous servez à vos lecteurs. Sur 18 affirmations de votre plume, il s'en rencontre 2 d'exactes, et, si j'en crois ma soustraction, 18 moins 2, soit *16,* qui ne ressemblent en rien à la vérité. Joli début, ma foi !

Votre arithmétique de fantaisie vous cause une vive allégresse, puisque vous ajoutez :

« C'est un très-bon signe, et nous devons nous ré-
« jouir de la persistance de ces attaques. »

Nous avons dit que M. Delimoges nous était inconnu, voilà tout. Comment nous lisez-vous donc, que vous prenez la simple constatation d'un fait négatif pour de persistantes attaques ?

Et pourtant vous aviez beau jeu, vous qui connaissez tant M. Delimoges, pour nous railler de notre ignorance, et pour nous éclairer amplement sur les titres du jeune homme aux suffrages des électeurs. Mais non, vous nous montrez comme les chevaux du coche, dont

« *L'attelage suait, soufflait, était rendu.* »

Et vous dépeignez le mal que nous nous donnons pour lutter contre votre protégé.

« Le mal, dites-vous, le mal que se donnent ces journaux pour enrayer le mouvement qui se produit en faveur de M. Delimoges prouve combien ils redoutent de voir disparaître la popularité dont jouissait M. Joigneaux. »

Pauvre M. Delimoges, quels défenseurs malhabiles vous êtes-vous donnés là ! Et que votre loyauté doit souffrir en voyant, dès l'ouverture de la campagne électorale, vos amis jouer avec les chiffres, jouer avec les faits, jouer avec la crédulité qu'ils supposent à vos électeurs !

Pauvre jeune homme !!

RAPHAEL WALDÈS.

XXII

L'adversaire de Pierre Joigneaux

Beaune, le 4 octobre 1877.

Ce n'est guère pour conquérir un poste politique, nous assure-t-il en sa profession de foi, qu'il vient solliciter nos suffrages ; c'est pour mieux s'occuper des questions se rattachant à l'agriculture, au commerce, à l'industrie, aux véritables sources de la richesse du pays. — Voilà qui va bien.

Mais quand la Chambre aura d'importantes questions politiques à résoudre, comment votera le jeune homme ?

« Je ne suis pas un homme de parti ! » s'écrie-t-il. Nous sommes par là dûment renseignés : le protégé de la *Revue* beaunoise n'est donc pas légitimiste, pas orléaniste non plus, bonapartiste pas davantage. — De quelle espèce de conservateurs prétend-il donc alors recueillir les voix? Je ne sais plus absolument que les cléricaux, dont l'humeur s'accommode aisément de toutes les monarchies, qui puissent, en pleine assurance, déposer aux urnes le bulletin Delimoges. — Mais c'est l'affaire des 63 messieurs de Beaune qui ont élu ce candidat.

« Vous avez le droit de m'interroger; je viens moi-même me soumettre à votre jugement, » dit à *Messieurs les Electeurs* le solliciteur juvénile.

Usant du droit qu'il m'octroie si gentiment, je m'empresse de lui poser une petite question, oh! toute petite :

Si nous vous nommons député, M. Jules Delimoges, toucherez-vous à la caisse de l'Assemblée votre traitement de représentant du peuple?

Pas n'est besoin d'avoir fait des *études complètes* pour répondre à question aussi claire. Oui ou non, voilà tout ce que je vous demande.

Car enfin, jeune homme, votre souteneuse, la *Revue beaunoise*, reproche véhémentement à Pierre Joigneaux d'avoir accepté les honoraires, qu'ont pourtant fort bien empochés les députés les mieux pensants. Puisque vous partez en guerre pour écraser notre ami, vous pensez mieux que lui mériter nos suffrages, mieux que lui ménager l'argent des électeurs, plus que lui vous montrer désintéressé. Faites-le nous donc bien comprendre.

Pendant une longue vie laborieuse entièrement consacrée au service du peuple, Joigneaux ne s'est point enrichi; cependant, ce n'est pas le papier blanc, le papier du gouvernement, le papier des contribuables, qu'il emploie pour annoncer aux passants qu'il se décide à lutter encore, Il a, comme tous ses collègues républicains ou monarchistes, radicaux ou cléricaux, reçu du caissier de l'Assemblée ce que la *loi* concède à chaque élu : jamais il n'a accepté la moindre faveur gouvernementale, jamais il n'a prêté son nom pour l'accomplissement d'un acte d'autant plus répréhensible qu'il porte atteinte aux deniers publics.

Votre souteneuse, jeune homme, jongle avec les chiffres. Pourquoi ne rappelle-t-elle pas à vos électeurs qu'un des complices du coup d'Etat, fort endetté avant le 2 décembre, laissait quelques années plus tard cinquante millions d'héritage, après avoir cependant par son luxe et ses prodigalités mérité le sobriquet de *dernier gentilhomme* de la France ? Pourquoi ne calcule-t-elle pas ce que renfermaient les wagons de bagages personnels, que Napoléon III. traînait au travers de nos armées désorganisées, pour les soustraire aux risques de la bataille ?

Jeune homme, jeune homme, les chiffres sont inflexibles. — D'ailleurs, vous vous connaissez en comptabilité, puisque c'est votre métier que de tenir des livres de compte. Montrez-nous d'abord comment vous passerez à votre livre-journal l'article des dépenses de vos affiches, vous parlerez ensuite de votre propre désintéressement.

RAPHAEL WALDÈS.

XXIII

Meursault, le 4 octobre 1877.

L'adversaire de Pierre Joigneaux vient de faire son apparition dans notre localité. Ce beau jeune homme a gagné la sympathie de quatre ou cinq bonnes vieilles. « Ah ! si les femmes votaient !!... » murmuraient ces dames.

Le jeune homme, d'ailleurs, modeste comme il convient au candidat du bon ordre et de la morale, ne se présentait pas seul. Un noble propriétaire des environs l'accompagnait partout. « *Si je savais qu'il ne fût pas légitimiste*, disait le mentor du juvénil aspirant-député, si je savais qu'il ne fût pas légitimiste, je ne voterais pas pour lui. »

Le jeune homme parlait peu ; nous nous demandons s'il en pensait davantage. Dans certaines maisons, l'on n'a pas même soufflé le moindre mot de politique. Impossible d'être plus modeste.

Mais que diable prétend-il raconter à la tribune, s'il n'ose pas seulement *faire l'article* dans un tête-à-tête avec l'électeur ?

Nous causons de ce timide candidat, chez nous, à la veillée, et vraiment nous le plaignons. — Ah ! messieurs du comité conservateur beaunois, que vous avez de cruauté ! Lancer un pauvre innocent jeune homme dans la bagarre électorale, c'est envoyer l'agneau poursuivre les loups dévorants. Les dames sensibles de Meursault en gémissent tout bas.

Jean Maumenet.

XXIV

L'adversaire de Pierre Joigneaux

Beaune, le 8 octobre 1877.

Il faisait dernièrement sa tournée dans un village des bords de la Bouzaize. Au moment où le pauvre jeune homme entrait chez l'un des gros électeurs de l'endroit, deux numéros du *Progrès* se trouvaient dépliés sur la table.

« — Comment, vous recevez ces feuilles-là ? »

« — Oui, monsieur, j'y suis abonné. »

« — Sans doute, il y a encore quelque article contre moi ! » dit le visiteur, en retournant le journal et essayant un sourire.

« — N'importe, il avait l'air joliment... confus ! » répétèrent les bonnes gens, lorsque la visite du malheureux candidat fut, cinq minutes plus tard, terminée.

Du côté de la Montagne, le succès couronne aussi médiocrement les visites électorales du candidat des 63 messieurs de Beaune. Ainsi, dans un village qui n'avait que 30 voix républicaines en 1871, qui en a fourni 60 en 1876, et qui va compléter la centaine dimanche, le protégé de la *Revue beaunoise* arrivait cette semaine. Chez un bon propriétaire campagnard, qu'il supposait fort bien pensant, le jeune homme demande les noms des électeurs de la commune sur lesquels il pourrait compter. On les lui donne. Quarante-huit heures après, le facteur apportait 25 lettres sous enveloppes, cachetées, affranchies d'un timbre de cinq sous ; mais la malchance poursuit le candidat conservateur, et 20 des 25 missives tombaient chez des vignerons qui voteront pour Pierre Joigneaux.

J'ai l'une de ces lettres sous les yeux : feuille autographiée, datée de Pagny, le 20 septembre, conviant les hommes d'ordre à user de leur légitime influence et de celle de leurs amis. pour obtenir de la commune un résultat dont tout le mérite devra être attribué auxdits hommes d'ordre.

L'épître se termine par cette phrase :

« Permettez-moi, monsieur, de vous rappeler que
« les abstentions sont toujours fatales au parti con-
« servateur : c'est en portant nos efforts de ce côté,
« pour en diminuer le nombre, que nous pourrons arri-
« ver à un résultat favorable. »

Il sent bien, cet infortuné jeune homme, le défaut de sa propre cuirasse ; il ne voit que trop quelle indifférence accueille cette candidature *in extremis* qu'on lui a imposée ; mieux encore, il l'avoue lui-même, paraît-il.

« Si j'avais su qu'il y eût la moindre chance de
« succès, je ne me serais pas présenté. » Voilà le propos caractéristique tenu récemment par le protégé de la *Revue*.

Je ne l'ai point entendu, ce propos ; mais celui qui l'a rapporté mérite, je crois, quelque créance. Il possède gigantesque pignon sur rue, ce n'est donc pas un pétroleur ; il récolte cent pièces de vin dans le seul clos qui s'étend auprès de sa maison ; donc ce n'est point un partageux ; les membres de sa famille, qui n'appartiennent point au sexe laid, fréquentent l'église et portent même un cierge à certaines processions, l'on ne dira donc point que c'est un ennemi de la religion, de la famille, de la propriété. Son témoignage ne saurait donc être accusé d'être le fruit des passions que la presse dévote appelle subversives. De telles raisons me conduisent à penser qu'il a dit vrai, qu'il n'a pas « dénaturé les paroles et les intentions » du pupille de notre *Revue*, comme font chaque jour les feuilles radicales, à ce qu'assure la *Revue*, tant sincère.

Pierre Joigneaux *tombe, tombe, est tombé*, s'écrie le pieux écrivain dans un accès de lyrisme qui touchera ses lecteurs. L'adversaire de notre ami, vous le voyez, ne risque pas de tomber de bien haut, puisque le gaillard promène si tristement, de chaumière en mairie, une candidature à laquelle il n'a lui-même aucune foi, une candidature impuissante et mort-née.

Raphael Waldès.

XXV

L'adversaire de Pierre Joigneaux

Beaune, le 11 octobre 1877.

La voilà bien malade, sa candidature ; elle agonise ; et, pour essayer une dernière fois de la disputer à la tombe, *monsieur le docteur Jean Peste,* vient de rédiger une ordonnance. Ordonnance imprimée, s'il vous plaît, imprimée par la même presse qui nous sert la *Revue beaunoise,* la *Revue* où les écrivains les plus zélés de la sous-préfecture et de l'église entonnent trois fois par semaine les chants de l'agonie. Dimanche, dans la soirée, tintera le glas funèbre..., à moins que, se conformant aux énergiques prescriptions du docteur, les électeurs ne versent tous dans les urnes les bulletins Delimoges.

« Réfléchissez sérieusement avant de déposer votre « bulletin de vote.

« Songez à vos intérêts, à vos familles ; songez à la « France qui a besoin de paix et de tranquillité pour « panser ses blessures et réparer ses forces. »

Impossible de mieux parler, docteur. — Mais l'argument qui termine le paragraphe m'intrigue singulièrement :

« Voulez-vous vendre vos vins ?... Ralliez-vous au « gouvernement du maréchal-président. »

Voyons, docteur, vous qui possédez tant de vignes dans la plaine et dans la côte, vous qui faites cultiver avec tant de profit les noiriens et les gamays, donniez-vous les vins jusqu'à ce jour gratis ? Ou bien les Anglais, nos voisins les Belges, les habitants du Nord, même les Russes, vous auraient-ils juré de renoncer à boire, si notre ami Pierre Joigneaux retournait à Versailles ?

« Voulez-vous la reprise immédiate du commerce et « des affaires ! Ralliez-vous au gouvernement du ma- « réchal-président. »

Ici, vous m'étonnez, docteur. Moi qui lis religieusement les feuilles gouvernementales, j'y vois tous les jours que le commerce a, depuis le 16 Mai, pris un

vigoureux essor, que les affaires marchent beaucoup
mieux qu'au temps de l'Assemblée, et que, dans plusieurs endroits, l'on a malmené les méchantes langues
qui s'avisaient d'affirmer le contraire. Comment donc,
puisque tout va pour le mieux, une *reprise* peut-elle
s'opérer ?

Du reste, c'est votre mission, docteur, de ne jamais
désespérer du salut d'un mourant, de ne jamais aban-
donner un client qui va rendre le dernier soupir. Vous
avez donc fait en conscience votre devoir, en adminis-
trant les secours de votre ministère à la candidature
agonisante de M. Jules Delimoges.

Nous ferons notre devoir aussi, docteur, en assistant
dimanche aux funérailles de la réaction.

RAPHAEL WALDÈS.

XXVI

Elections au Conseil général

Beaune, le 28 octobre 1877.

Nos candidats sont enfin choisis, bien choisis. La
chose était d'ailleurs facile, puisque nos deux conseillers généraux sortants avaient déjà vaillamment fait
leurs preuves ; que leurs convictions républicaines
n'avaient plus besoin d'être démontrées ; que leur dévouement aux affaires publiques est, depuis des années,
connu jusque dans les moindres hameaux.

Mais ce qu'il faut remarquer, à la grande louange
du républicanisme beaunois, c'est que nos deux candidatures ne sont point écloses dans un petit club de

citadins ; c'est que nos chers électeurs de la campagne ont eu voix au chapitre, voix puissante et considérée ; c'est que nos conseillers généraux ne seront point suspectés d'avoir été les protégés d'une coterie locale ; c'est que nos élus du 4 novembre seront bien les élus d'un suffrage *universel* de la ville et de tous les villages du canton.

Les efforts d'un bon citoyen, grand expert en l'art de manier la parole, la plume et le pinceau, n'ont pas contribué médiocrement à produire cette harmonie si frappante et si véritablement démocratique entre les électeurs du dehors et ceux de l'intérieur. Ce nous est une satisfaction bien douce, de lui rendre ici l'hommage qui lui est dû.

L'organe officiel des cléricaux et des bonapartistes beaunois déplore cette activité, cette énergie, cette vitalité croissante de l'esprit républicain parmi nous. C'est bon signe.

Les gens qui s'intitulent conservateurs ne conservent guère que leurs tristes rivalités monarchiques. La *Revue Bourguignonne* s'en lamente :

« Les conservateurs, dit-elle, ne paraissent pas se
« remuer beaucoup en vue des élections du 4 novembre.
« Nous avons déjà signalé cette *apathie persistante...* »

Eh ! mon Dieu, que pourraient des moribonds pour échapper à l'abîme qui s'ouvre sous leurs pas.

Au scrutin du 14 octobre, le canton nord de Beaune a, par 2,511 bulletins contre 1,276, c'est-à-dire par 2 voix contre 1, témoigné de son attachement à la cause démocratique. — 2 électeurs contre 1 viendront dimanche encore affirmer le même sentiment, en confiant de nouveau à M. Paul Bouchard le mandat qu'ils lui ont offert samedi par l'organe de leurs délégués.

Au scrutin du 14 octobre, le canton sud de Beaune a déposé dans les urnes 2,694 fois le nom de M. Pierre Joigneaux. Malgré ses déclamations, ses intrigues, ses manœuvres, la réaction n'a récolté là que 946 voix. Ce n'est donc plus un terrain de combat, comme dit la *Revue*, c'est un terrain d'écrasement, pour des candidats officiels, et baron, ni régisseur ne se soucierait plus d'endosser la gloire négative d'une chute aussi peu flatteuse qu'assurée.

Le peuple de la plaine, comme celui des coteaux, repousse l'empire et le cléricalisme. — *Revue, Revue,* tes conjurations ne ressusciteront pas les morts !!!

Jean Maumenet.

XXVII

Elections au Conseil général

Beaune, le 1er novembre 1877.

« Ils se dévorent entre eux ! » s'écrie joyeusement la *Revue Bourguignonne,* en parlant des 2,511 républicains du canton nord de Beaune. La question pourtant se pose d'une manière bien précise et bien claire.

Les électeurs de la ville et des villages, par l'organe de *tous* leurs délégués, ont acclamé la candidature de M. Paul Bouchard. Le parti ne recommande aucun autre citoyen au suffrage du 4 novembre ; il n'y a ni déchirement ni lutte dans nos rangs ; nous voterons tous pour envoyer M. Paul Bouchard au Conseil général, comme nous avons déjà voté pour envoyer à Versailles notre ami Pierre Joigneaux : les faiseurs de complainte de la *Revue* le savent bien.

Si, repoussé par l'unanimité de nos délégués, quelque Beaunois solitaire cherche à faire entendre une voix discordante, mais sans écho, c'est fâcheux pour lui. Le parti républicain de notre ville a trop au cœur le sentiment démocratique, pour suivre un homme isolé dans ses écarts.

Pour combattre le candidat choisi par la démocratie de notre canton nord, celui-ci assure qu'il veut une République ouverte à tous... mais c'est justement ce que voulaient les gens du 16 mai. Relisez leurs manifestes, leurs proclamations, leurs circulaires, c'est toujours la République, la vraie, qu'ils prétendaient soutenir, ils l'ont ouverte à tous, si bien à tous, qu'ils y ont introduit les bonapartistes les plus forcenés, les cléricaux les plus fanatiques, les monarchistes de toutes les couleurs, tous, tous, tous.... sauf seulement les républicains.

Notre Conseil général, au dire de ce personnage, n'a pas suivi le mouvement des départements voisins dans le développement de l'enseignement professionnel. — Sur quel grade universitaire, sur quel diplôme s'appuierait donc ce candidat, pour faire prévaloir ses vues dans notre assemblée départementale ? — Serait-ce en innovant le catéchisme obligatoire dans notre collége, qu'il relèverait l'enseignement professionnel parmi nous ? Serait-ce en faisant enseigner la philosophie par un élève des séminaires, qu'il développerait l'idée républicaine dans le cœur de nos enfants ?

Ce qu'il veut, c'est que le Conseil général aide les

colléges communaux à payer les frais d'un enseignement qui doit être (à ce qu'il dit) la meilleure prépara-
tion au volontariat. — Pour le coup, voici que passe
le bout de l'oreille.

Le volontariat peut avoir sa raison d'être. En l'em-
pruntant au royaume de Prusse, l'assemblée de 1871,
du moins, n'a pas eu la prétention de faire œuvre démocratique : il ne suffit pas, en effet, d'être instruit
pour faire son volontariat ; mais les *quinze cents francs*,
monsieur, les *quinze cents francs* à verser en espèces
sonnantes, voilà ce qu'exige la récente loi française,
imitée de la loi prussienne. Et c'est au profit des citoyens
assez riches pour débourser une aussi lourde somme,
que vous réclameriez des subsides arrachés à la bourse
des plus humbles contribuables!... Oh! Monsieur, puisque vous êtes « habile, habile surtout, » comme nous
l'annonce la *Revue Bourguignonne*, comment avez-vous
pu supposer que les électeurs des campagnes pren-
draient de pareilles prétentions pour des sentiments
démocratiques ?

L'instruction publique est chose sainte, monsieur, et
sainte pour tout le monde. Mais si les colléges méritent
les soins de nos élus, nos écoles primaires, — ces
écoles du peuple que ne daignent guère fréquenter les
conservateurs, — nos écoles primaires, voilà ce que la
démocratie recommande avant tout à la sollicitude et
au zèle des citoyens qu'elle honore de ses suffrages.

Notre choix est fait ; notre dévoué concitoyen, M. Paul
Bouchard, a fourni depuis longtemps ses preuves : ce
sera, ne vous en déplaise, monsieur, notre élu de dimanche prochain.

Jean Maumenet.

XXVIII

Beaune, le 1ᵉʳ janvier 1878.

Nous avons appris par le *Progrès* d'hier soir que notre magnifique sous-préfet vient d'être nommé sous-préfet à C.... Nos compatriotes de là-bas vont, sans nul doute, se féliciter des étrennes que leur expédie le ministère. Citoyens de Beaune, qui nous rappelons, et nous rappellerons encore longtemps les suppressions de journaux, les fermetures de modestes cabarets, les persécutions aux pauvres colporteurs, les intimidations électorales, nous ne pouvons que souhaiter bon voyage au bel homme qui va quitter nos murs.

Les fonctionnnaires civils, qu'on accusait de montrer *une attitude hostile au chef de l'Etat*, croiront peut-être pouvoir maintenant respirer et travailler en conscience. Mais pour nous, simples électeurs, bonnes gens du menu, qui ne connaissons pas le secret des coulisses gouvernementales, nous nous contentons de nous demander tout bas quelles garanties sérieuses pour l'avenir la République obtiendra des Messieurs à collet brodé, qui n'ont chez nous reculé devant aucune... mesure pour combattre les institutions républicaines?

Sénateurs et députés, à qui nous avons confié le mandat de défendre la République, veillez, veillez encore, veillez toujours !

JEAN MACQUENET.

Dijon, imp. F. Carré